Great Britain

Wohin geht die Reise? Kreuz an!

Entdeck die Länder – jedes ein Erlebnis für sich!

- O England
- O Wales
- O Scotland
- O Northern Ireland

Stadtluft schnuppern? Die Top 10 warten auf dich!

- O London
- O Glasgow
- O Liverpool
- O Bristol
- O Manchester
- O Sheffield
- O Edinburgh
- O Southampton
- O Canterbury
- O Nottingham

Mein Mitmach-Sprachführer

Englisch

Moments by Langenscheidt

Herausgegeben von der Langenscheidt Redaktion
Alle Rechte vorbehalten

Corporate Design Umschlag: KW 43 BRANDDESIGN, Düsseldorf
Umschlaggestaltung: DAS ILLUSTRAT, München, unter Verwendung von
Motiven von Shutterstock.com
Gestaltung und Satz: Sabrina Pöckl und Pia Stiegler, Friends Media Group, Augsburg
Projektleitung: Gabriela Lindner
Deutscher Text: Ingrid Erne
Übersetzung: Katherine Hammond

Alle Fotos und Abbildungen: Shutterstock.com

© 2018 Langenscheidt GmbH & Co. KG, München
Druck und Bindung: Druckerei C.H.Beck, Nördlingen
ISBN: 978-3-468-23426-2
www.langenscheidt.com

Alles auf einen Blick

Landkarte Great Britain	ganz vorne
Vorwort: Deine Reise – dein Abenteuer!	6 – 7
Vorfreude	8 – 17
Homestory	10 – 13
Heimatgefühle	14 – 15
Vergissmeinnicht	16 – 17
Smalltalk – schaffst du locker!	18 – 35
Basics – Smalltalk schaffst du locker!	20 – 21
Sag doch mal Hallo!	22 – 23
Shake Hands oder so?	24 – 25
Komplimente liebt jeder	26 – 29
You like it?	30 – 31
Wetter geht immer!	32 – 33
Heiter bis wolkig	34 – 35
Rund ums Quartier	36 – 49
Basics – Rund ums Quartier	38 – 39
Hallo Rezeption!	40 – 41
Mal kurz die Lage checken	42 – 43
Alles da, was du brauchst?	44 – 45
Einfach mal Werbung gucken	46 – 47
Zimmer mit Aussicht	48 – 49

Souverän unterwegs	50 – 65
Basics – Souverän unterwegs	52 – 53
Mobil in der City	54 – 55
Sorry, darf ich mal vorbei?	56 – 59
Verstehst du Bahnhof?	60 – 61
Meine Spur durch Stadt und Land	62 – 63
Einmal quer durch die City	64 – 65
Wie schmeckt Great Britain?	66 – 89
Basics – Wie schmeckt Great Britain?	68 – 69
Auch Briten können kochen	70 – 75
Gaumenkitzel	76 – 79
Mein Bier, dein Bier!	80 – 83
Meine wunderbare Zucker-Route	84 – 85
Füllwort-Bingo	86 – 89
Kaufrausch	90 – 109
Basics – Kaufrausch	92 – 93
Andere Länder, andere Münzen	94 – 95
Geht's ein bisschen billiger?	96 – 99
Catwalk vor Ort	100 – 101
Lust auf Luxus?	102 – 103
Autsch!	104 – 105
Auf die Nase – fertig – los!	106 – 109

Abenteuer Alltag   110 – 135
Basics – Abenteuer Alltag   112 – 113
Spaziergang im Grünen   114 – 115
Auf den Hund gekommen?   116 – 119
Straßenzeichen   120 – 121
Touri oder Local?   122 – 125
Glücksspiel   126 – 127
Lernen von den Kids   128 – 129
Kulturell unterwegs   130 – 131
Stadt, Land, Fluss   132 – 133
Post von Unbekannt   134 – 135

Festgehalten   136 – 145
DAUERBRENNER Mein Wort des Tages   138 – 139
Auf den Punkt gebracht   140
Das war der Hammer!   141
Meine Reisekontakte   142 – 143
Welcher Mut-Typ bin ich?   144
LUST AUF MEHR? Das Abenteuer geht weiter   145

Die Zahlen   ganz hinten

Deine Reise – dein Abenteuer!

Einfach nur Sehenswürdigkeiten abhaken – geht gar nicht? Du willst beim Reisen lieber Leute kennenlernen und was Cooles erleben? Den Landesalltag abseits der Touri-Pfade entdecken und sprechen wie ein Engländer? Kannst du haben! Dieser Mitmach-Sprachführer liefert dir jede Menge Input, ist dein Guide und dein kreatives Workbook. Mach daraus dein einzigartiges Erinnerungsbuch!

Was noch?

Mut-Stufe

Der Mitmach-Sprachführer steckt voller Ideen für ungewöhnliche Entdeckungen und Erlebnisse. Manche Tasks sind ziemlich easy, andere eher eine Herausforderung. Die Mut-Stufe sagt dir, was auf dich zukommt – achte auf die Sternchen unten rechts:

☆ Mut-Stufe 1 – für Einsteiger und zum Warm-up: Einfache Task – entspannt zu machen.

★★ Mut-Stufe 2 – für mittlere Helden: Yep – das schaffst du!

★★★ Mut-Stufe 3 – für Gipfelstürmer: Jetzt musst du dich echt was trauen!

Mach am Schluss die Auswertung (S. 144): Welcher Mut-Typ bist du?

Mein Wort des Tages (S. 138/139)

Ein „Dauerbrenner" auf deinem Trip. Besonderes Wort gehört, lustig, nervig oder ein Zungenbrecher? Stift raus und aufschreiben!

Basics

Die wichtigsten Sätze – immer als Kapitel-Einstieg bei den Vor-Ort-Erlebnissen. Achte auf die Farben der Sprechblasen: gleiche Farbe – gleiches Thema.

Lautschrift

Hilfe – wie sprech ich das aus? Die einfache Lautschrift sagt's dir:

Lautschrift	Aussprache
'	Betonungszeichen; steht vor der betonten Silbe
:	zeigt an, dass der Laut davor lang ist
‿	verbindet zwei Wörter
ə	wie *e* in bitte
ai	wie *ei* in Neid
äj	wie *äi* in Mail
eə	wie *är* in Bär
iə	wie *ier* in Bier
ng	wie *ng* in Ding
oj	wie *eu* in neu
ou	wie *ou* in Show
uə	wie *ur* in Kur
v	wie *w* in wissen
w	sehr kurzes *u*
r	Zunge anheben und nach hinten rollen
dsch	wie *j* in Job
θ	gelispeltes *ß*
ð	gelispeltes *s*

Und los!

Alles klar? Dann leg mal los. Steck das Workbook in die Tasche und mach dich damit auf Entdeckungstour. Achte auch auf Details. Und freu dich auf tolle Erlebnisse und spannende Begegnungen!

Vorfreude

Kleb hier ein Bild von dir ein – ein Foto von früher oder in einer lustigen Situation.

Homestory

Stell hier vor der Tour deinen persönlichen Steckbrief zusammen.

My name is ....
mai 'näjm_is ... // Ich heiße ...

I'm .... years old.
aim ... jiəs ould. // Ich bin ... Jahre alt.

I live in ....
ai liv in ... // Ich wohne in ...

I was born in ....
ai was 'bo:n in ... // Geboren bin ich in ...

My hobbies are ....
mai 'hobis_ə ... // Meine Hobbys sind ...

My favourite dish is ....
mai 'fäjvərit disch_is ... // Mein Lieblingsgericht ist ...

My weight is ...... kilograms.
mai 'wäjt_is ... 'kiləgräms. // Ich wiege ... Kilogramm.

I earn my money as a ....
ai_ö:n mai 'mani əs_ə ... // Mein Geld verdiene ich als ...

Er / Sie heißt ...
He's / She's called ...
hi:s / schi:s ko:ld ...

Ich lebe mit ... zusammen.
I live with ...
ai liv wið ...

Kleb hier Fotos deiner Lieben ein – mit allem was dazugehört.
So kannst du anschaulich von dir und deinen Lieben berichten.

Das ist meine Frau / mein Mann.
That's my wife / my husband.
ðätß mai 'waif / mai 'hasbänd.

Das ist mein(e) Mitbewohner(in).
That's my housemate.
ðätß mai 'hausmäjt.

Das ist mein Freund / meine Freundin.
That's my boyfriend / my girlfriend.
ðätß mai 'bojfrend / mai 'gö:lfrend.

Unsere Kinder heißen ...
Our children are called ...
auə 'tschildrən a:ˍ'ko:ld ...

Platz für ein weiteres Bild deiner Familie

Vater // **father** // ˈfaːðə
Mutter // **mother** // ˈmaðə
Bruder // **brother** // ˈbraðə
Schwester // **sister** // ˈßißtə
Sohn // **son** // ßan
Tochter // **daughter** // ˈdoːtə

Und neben mir, das ist mein(e) ...
And next to me, that's my ...
ənd nekßt tuː miː, ðätß mai ...

Heimatgefühle

Kleb eine *Ansichtskarte* deiner Stadt oder deiner Heimat ein und erzähl, was darauf zu sehen ist. Am besten die Karte nur oben mit Klebstreifen befestigen, dann kannst du drunter in der Wortliste spicken!

Das ist meine Stadt / Heimat. // **That's my city / home town.**
ðätß mai 'ßiti: / houm taun.

Da gibt's einiges zu sehen, zum Beispiel ... // **There are a few things to see, for example ...** ðeə a: ə 'fju: 'θings tu: ßi:' fər ig'sa:mpl ...

Meine Stadt ist bekannt für ihr(e) ... // **My city is famous for its ...** mai 'ßiti: is 'fäjməs fər itß ...

Besonders gerne mag ich an meiner Stadt ... // **The thing I really like about my city is ...** ðə θing ai riəli 'laik ə'baut mai 'ßiti: is ...

Spick ZETTEL

Brunnen // **fountain** // ˈfauntən
Dom / Kirche // **cathedral / church** // kaˈθiːdral / tschöːtsch
Fußgängerzone // **pedestrian zone** // pəˈdeßtriən soun
Marktplatz // **market place** // ˈmaːkit pläjß
Rathaus // **town hall** // taun ˈhoːl
Theater // **theatre** // ˈθiətə

Vergiss

Wer soll Post bekommen?
Hier ist Platz für Adressen deiner Favourites:

Name: _____ _____
Straße: _____ _____
PLZ/Stadt: _____ _____

Name: _____ _____
Straße: _____ _____
PLZ/Stadt: _____ _____

Name: _____ _____
Straße: _____ _____
PLZ/Stadt: _____ _____

Name: _____ _____
Straße: _____ _____
PLZ/Stadt: _____ _____

meinnicht

Ein paar Grußformeln,
mit denen du glänzen kannst:

Lots of love // Liebe Grüße

See you soon! // Bis bald!

Missing you! // Du fehlst mir!

Can't wait to tell you all about it! //
Ich kann es kaum erwarten,
Dir alles zu erzählen!

Könnten Sie bitte etwas langsamer sprechen?
Could you speak a bit more slowly, please?
kud_ju 'ßpi:k_ə bit mo: 'ßlouli, pli:s?

Ich habe das nicht verstanden.
I didn't understand that.
ai 'didnt andə'ßtänd ðät.

Vielen Dank für den netten ×
Thank you for a lovely ×
'θänk_ju fər_ə 'lavli ×

× Abend. / Tag.
× evening. / day.
× 'i:vning. / däj.

Guten Morgen! Guten Abend! Guten Tag!
Good morning! Good evening! Good afternoon!
gud 'mo:ning! gud_'i:vning! gud_a:ftə'nu:n!

Hallo! Tschüss! Schönen Tag noch!
Hello! Bye! Have a nice day!
hə'lou! bai! 'häv_ə naiß 'däj!

Was machen Sie / machst du beruflich?
What do you do for a living?
'wot du_ju 'du: fər_ə 'living?

Schön, Sie / dich kennengelernt zu haben.
It was nice meeting you.
it wəs 'naiß 'mi:ting ju:.

Sind Sie / Bist du verheiratet?
Are you married?
a:_ju 'märid?

Ich bin × / **I am ×** / ai äm ×

× ledig. / verheiratet. / geschieden.
× single. / married. / divorced.
× 'ßingl. / 'märid. / di'vo:ßt.

Wie heißen Sie / heißt du?
What's your name?
'wotß jo 'näjm?

Wie alt sind Sie / bist du?
How old are you?
hau 'ould_ə ju:?

Treffen wir uns ×
Shall we meet up ×
schəl wi mi:t_'ap ×

× heute Abend? / **× tonight?** / × tə'nait?
× morgen? / **× tomorrow?** / × tə'morou?

Ich möchte Sie / dich einladen.
I'd like to take you out.
aid 'laik tə 'täjk_ju_'aut.

Wann / Wo treffen wir uns?
What time / Where shall we meet?
wot_'taim / 'weə schəl wi 'mi:t?

Treffen wir uns doch um ... Uhr.
Why don't we meet at ...?
'wai dount wi 'mi:t_ət ...?

Bis bald / morgen!
See you soon / tomorrow!
ßi: jə 'ßu:n / tə'morou !

Wie ist Ihre / deine × /
What's your × / 'wotß jo ×

× Handynummer? / E-Mail-Adresse?
× mobile number? / e-mail address?
× 'moubail 'nambə? / i:mäjl 'ədreß?

Sehen wir uns noch einmal?
Could we meet again?
kud_wi 'mi:t_ə'gen?

Basics – Smalltalk schaffst du locker!

Sag doch mal Hallo!

> Geh ins Szene-Café oder in die Kneipe – welche Begrüßungsfloskeln hörst du?

○ **Hi dude!**
hai du:d!
Hallo Alter!

○ **Everything OK?**
evriðing ou'käj?
Alles klar?

○ **Hey up!**
häj ap!
Hallo Du!

□ **What's new?**
wotß nju:?
Was gibt's Neues?

○ **What's happening?**
wotß 'häpning?
Was geht?

○ **How's things?**
haus_θings?
Wie geht's?

○ **Hi mate!**
hai mäjt!
Hallo Alter!

□ **How's it going?**
haus_it 'gouing?
Wie geht's?

Hörst du noch andere Begrüßungen?

....

....

....

....

....

Shake Hands oder so?

Briten mögen's distanziert. Wenn du jemanden begrüßen willst, hältst du besser Abstand. Händeschütteln nur beim ersten Treffen – oder wenn man sich längere Zeit nicht gesehen hat.

Schau genau hin. Wie begrüßen sich die Leute hier?
Schreib auf, was du siehst:

Kumpels ....
....

Freundinnen ....
....

Geschäftspartner ....
....

➤ Turteltäubchen ....
....

(Ehe-)Paare ....
....
....

Wie viel Abstand halten sie?
Schätz mal!

Komplimente liebt jeder

Nettigkeiten auszutauschen fördert nicht nur den Flirt-Faktor. Komplimente sind in jeder Situation ein Türöffner.

TOLL, *dich wiederzusehen*, >>> du siehst super aus!

Great to see you, you're looking good!

gräjt tu: ßi: ju:', juə 'luking 'gud!

Ausprobiert? Was war die Antwort?

....
....
....
....
....

Weiter geht's auf der nächsten Seite

DU SIEHST GUT AUS! *

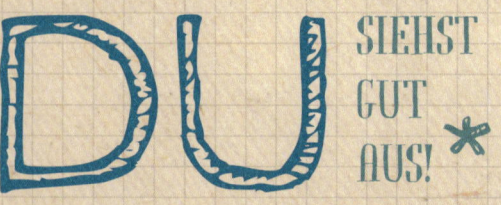

You're a bit of alright!

juər ə bit ov ɔːˈlrait

↳ Ausprobiert? Was war die Antwort?

....

....

*Besser noch nicht beim allerersten Treffen benutzen.

Ich freu mich immer, **DICH** *zu sehen —* schon aus ästhetischen Gründen.

Good to see you, you're a sight for sore eyes!

gud tə ˈßi: ju:, juər_ə ˈßait fo: so: ais!

....

....

Ich mag deinen HUMOR!

I love your sense of humour!

ai ləv jo ßenß əv 'ju:mə!

Gibt's außer dir eigentlich noch andere SEHENSWÜRDIGKEITEN hier?

Is there anything else round here worth seeing apart from you?

is ðər 'eniθing 'elß raund hiə wö:θ 'ßi:ing ə'pa:t from ju:?

You like it?

Stolz aufs eigene Land – wer ist das nicht? Was antwortest du, wenn dich jemand fragt, wie's dir hier gefällt?

 Ich find's großartig! Tolle Läden, gute Kneipen und super Wetter, wenn man die richtigen Klamotten hat!
I love it here! Great shops, good pubs and lovely weather, if you're kitted out for it!

ai 'lav it hiə! gräjt schops, gud pabs ənd 'lavli 'weðə, if jo: kitid 'aut fə it!

Ich liebe alles an diesem Land /
dieser Stadt – vor allem aber die netten Leute!
I love everything about this country /
city – but most of all the lovely people!

ai 'lav 'evriθing ə'baut 'ðiß 'kantri / 'ßiti – bat moußt əv 'o:l ðə 'lavli 'pi:pl!

 Coole Stadt – wollen Sie mich nicht
heiraten, damit ich hierbleiben kann?
A cool city – are you sure you won't
marry me so that I can stay here?

ə ku:l 'ßiti – a:_ju 'scho: ju wount 'mari mi: ßou 'ðät ai kən 'ßtäj hiə?

 Ich fühle mich, als hätte ich schon
immer hier gelebt.
I feel as if I have lived here forever.

ai 'fi:l əs if ai häv livd hiə fo:'evə.

WETTER
geht immer!

Komm ins Gespräch – beim Bäcker,
an der Haltestelle, beim Frisör ...
Smalltalk schaffst du locker!

\# **Awful weather today, isn't it?**
'o:fəl weðə tə'däj, isnt it?
Scheußlich heute, was?

\# **We've had better weather.**
wi:v həd 'betə 'weðə.
Das Wetter war auch schon mal besser.

Lovely day today!
'lavli 'däj tə'däj!

Super Tag heute!

Wow, it's hot today!
wau, itß hot tə'däj!

Ist das eine Hitze heute!

It's a bit chilly outside.  It's a bit nippy outside.
itß ə bit 'tschili autßaid.   itß ə bit 'nipi autßaid.

Bisschen kalt draußen.

Den bekannten Regenwetterspruch
„It's raining cats and dogs"
besser nicht raushauen; wirkt uncool und altbacken.

Bei jüngeren Leuten hört man eher:
It's pissing it down. itß 'pißing it daun.
Auch sehr bildhaft, aber nicht ganz politically correct.

Heiter bis wolkig

Das liebe Wetter – am besten nehmen, wie's kommt! Hier noch ein bisschen Futter für deinen Wetter-Smalltalk. Verstehst du auch den Wetterbericht in Zeitung, Radio, TV?

> Kann sein, dass dir im Alltag noch die alte Fahrenheit-Skala begegnet. Aber keine Sorge – der englische Wetterbericht ist so nett und gibt die Temperatur in Celsius an.

Was sagt der Wetterbericht?
What's the weather forecast?
'wotß ðə 'weðə 'fo:ka:ßt?

Wie viel Grad haben wir?
What's the temperature?
'wotß ðə 'temprətschə?

bewölkt // **cloudy** // 'klaudi
Blitz // **lightning** // 'laitning
Donner // **thunder** // 'θandə
es friert // **it's freezing** // itß 'fri:sing
Glatteis // **black ice** // bläk 'aiß
heiter // **bright** // brait
Hoch // **high-pressure area** // hai'preschər_eəriə
klar // **clear** // kliə
kühl // **cool** // ku:l
Nebel // **fog** // fog
Niederschläge // **precipitation** // prəßipi'täjschn
Regenschauer // **shower** // 'schauə

Die Sonne scheint.
The sun's shining.
ðə'ßans 'schaining.

Schnee // **snow** // ßnou
sonnig // **sunny** // 'ßani
stürmisch // **stormy** // 'ßto:mi
es taut // **it's thawing** // itß 'θo:ing
Wind // **wind** // wind
Wolke // **cloud** // klaud

Es sind ... Grad (unter Null).
It's ... degrees (below zero).
itß ... di'gri:s (bi'lou 'siərou).

Es wird × geben.
It's going to ×
itß 'gouing tə ×

× Regen / ein Gewitter
× rain. / be stormy.
× räjn. / bi ßto:mi.

Es wird ×
It's going to be ×
itß 'gouing tə bi ×

× heiß. // **hot.** // 'hot.
× kalt. // **cold.** // kould.
× schlecht. // **bad.** // bäd.
× schön. // **nice.** // naiß.
× schwül. // **humid.** // 'hju:mid.
× warm. // **warm.** // 'wo:m.

35

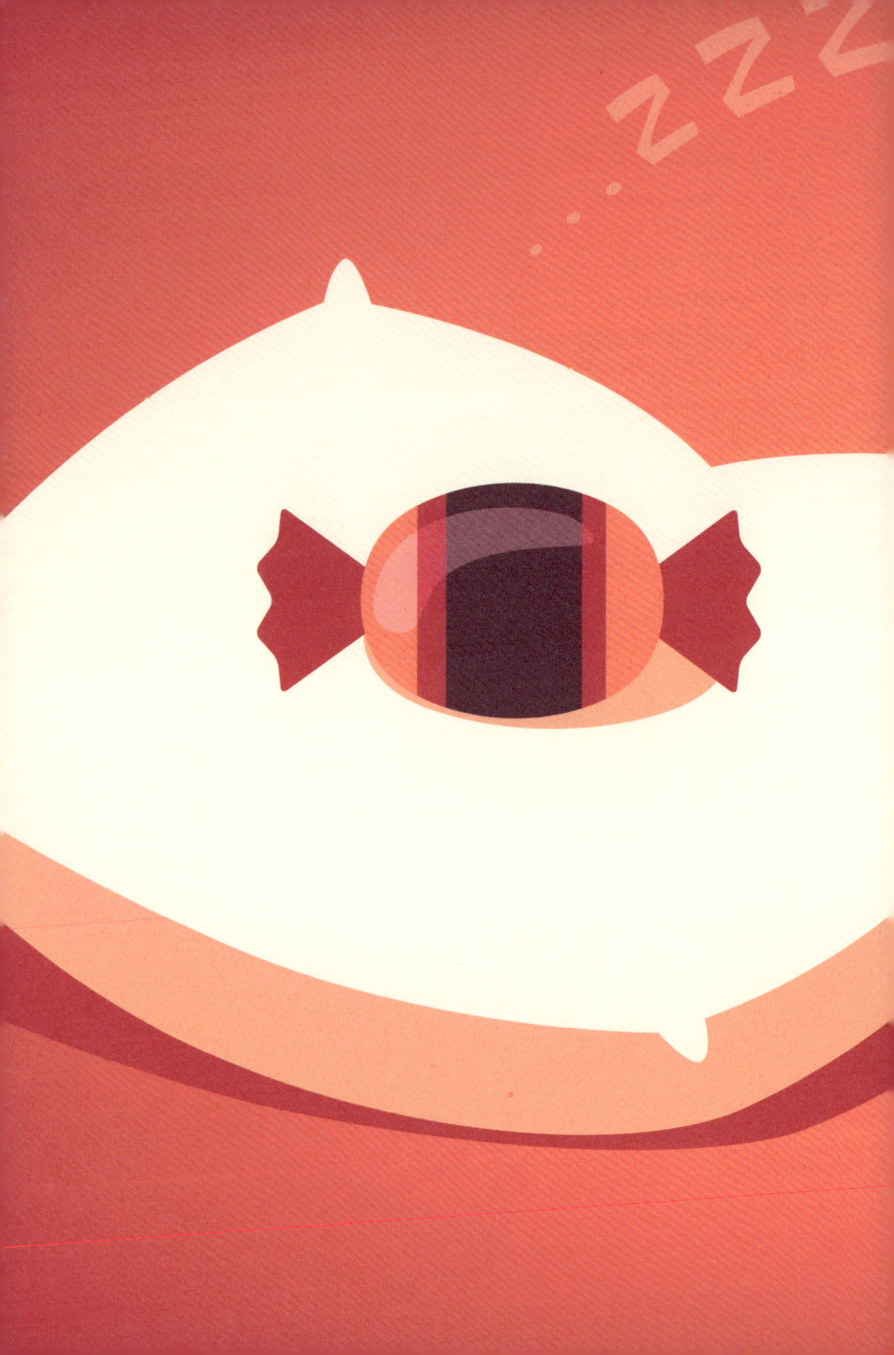

Haben Sie ein Doppelzimmer frei?
Do you have a double room?
du_ju: häv_ə 'dabl ru:m?

Wie viel kostet es (mit Frühstück)?
How much is it (with breakfast)?
hau 'matsch_is_it (wið 'brekfəßt?)

Gibt es WLAN auf den Zimmern?
Do you have Wi-Fi in the rooms?
du_ju: häv 'waifai in ðə 'ru:ms?

Wo können wir das Auto abstellen?
Where can we park the car?
'weə kən wi 'pa:k ðə 'ka:?

Machen Sie bitte die Rechnung fertig.
Please may I have my bill?
'pli:s 'mäj_ai häv mai 'bil?

Es war sehr schön hier.
It was very nice here.
it wəs 'veri 'naiß hiə.

Kann ich mein Gepäck noch bis … Uhr hierlassen?
Can I leave my luggage here until …?
kən_ai 'li:v mai 'lagidsch hiər_an'til …?

Wecken Sie mich bitte (morgen) um … Uhr.
Could you wake me at … (tomorrow), please?
kud_ju 'wäjk mi_ət … (tə'morou), pli:s?

Wir reisen morgen ab.
We're leaving tomorrow.
wiə 'li:ving tə'morou.

Rufen Sie bitte ein Taxi.
Could you please call me a taxi?
kud_ju pli:s 'ko:l mi_ə'täkßi?

Basics – Rund ums Quartier

Könnten Sie uns bitte erklären, wie × funktioniert?
Could you show us how × works?
kud_ju 'schou_əß hau × 'wö:kß?

× die Spülmaschine / der Herd
× the dishwasher / the cooker
× ðə 'dischwoschə / ðə 'kukə

× die Waschmaschine / der Wäschetrockner
× the washing machine / the tumble dryer
× ðə 'wosching mə'schi:n / ðə tambl 'draiə

Wo ist der Sicherungskasten?
Where's the fusebox?
'weəs_ðə 'fju:sbokß?

Wohin kommt der Müll?
Where does the rubbish go?
'weə dəs ðə 'rabisch gou?

Könnten wir bitte noch zusätzliche × bekommen?
Could we please have some extra ×
kud_wi pli:s häv ßəm 'ekßtrə ×

× Bettwäsche? / Geschirrtücher?
× bed linen? / tea towels?
× 'bed linən? / ti: 'tauəls?

Wo ist × **Where's ×** 'weəs ×

× die nächste Bushaltestelle?
× the nearest bus stop?
× ðə 'niərəßt 'baß_ßtop?

× ein Lebensmittelgeschäft? / eine Bäckerei?
× a supermarket? / a bakery?
× ə 'ßu:pəma:kit? / ə 'bäjkəri?

39

Hallo Rezeption!

Wie läuft's im Hotel? Was ist los in der Stadt?
Die Hotelrezeption ist dein schnellster Info-Kanal. Frag nach:

408

Gibt es in der Nähe eine nette Bar / Kneipe für junge Leute?
Is there a nice bar / pub for young people around here?
is ðər‿ə naiß ba: / 'pab fə 'jang pi:pl ə'raund 'hiə?

505

Wann ist Markttag? Oder gibt es eine Markthalle, die täglich geöffnet hat?
When is market day? Or is there a market hall that is open every day?
'wen is 'ma:kit däj? o: is ðər‿ə 'ma:kit ho:l ðät is 'oupən evri 'däj?

506

Wo kann man denn hier gut essen gehen?
Where is a good place to eat around here?
'wee is‿ə gud 'pläjß tu‿'i:t ə'raund 'hiə?

412

Gibt es hier besondere Feste oder Veranstaltungen in den nächsten Tagen?
Are there any special festivities or events in the area over the next few days?
a: ðər‿eni 'ßpeschl feß'tivati:s o: i'ventß in ði‿'eəria ouvə ðə 'nekßt fju: däjs?

Mal kurz die Lage checken

>>> Angekommen?

Dein Heim auf Zeit will entdeckt werden: Verschaff dir einen ersten Überblick über das Viertel, in dem du wohnst.

Zeichne hier eine Skizze deiner Umgebung und trag die wichtigsten Stationen ein:

- deine Unterkunft
- Park
- fish & chip shop
- Kneipe
- den Weg zur U-Bahn
- Supermarkt
- ....
- ....

Alles da, was du brauchst?

Kauf dir Klebezettel im Schreibwarengeschäft oder im Supermarkt, beschrifte sie mit unseren Vorschlägen – und schau doch mal, was du in Hotelzimmer, Hostel, Airbnb etc. alles vorfindest. Zettel drankleben, Wort merken, fertig!

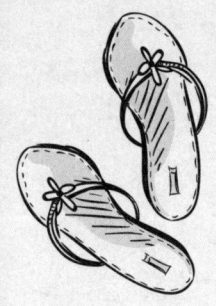

flip flops
'flipflopß
Badeschlappen

radio alarm clock
'räjdiou ə'la:m klok
Radiowecker

curtain rail
'kö:tn rajl
Vorhangstange

kettle
ketl
Wasserkocher

teasmade
'ti:smäjd
Teemaschine

Hosenbügler

trouser press
'trausə preß

snuggly blanket
ßnagli 'blankit
Kuscheldecke

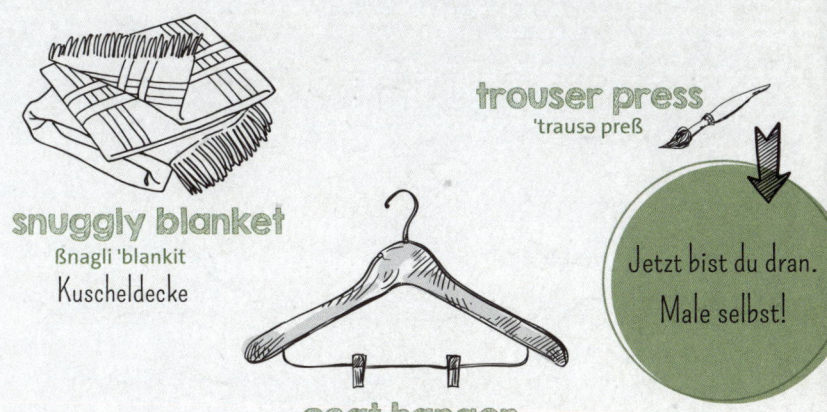

Jetzt bist du dran.
Male selbst!

coat hanger
kout 'hangə
Kleiderbügel

cuddly toy
kadli 'toj
Plüschtier

hair dryer
'heədraiə
Föhn

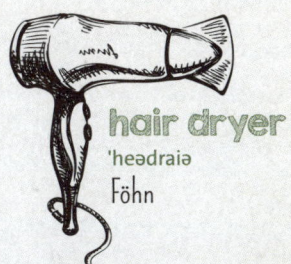

remote control
ri'mout kən'trou:l
Fernbedienung

shower cap
'schauə käp
Duschhaube

Notier dir weitere Einrichtungsgegenstände auf den Klebezetteln.

Bible
baibl
Bibel

Einfach mal Werbung gucken

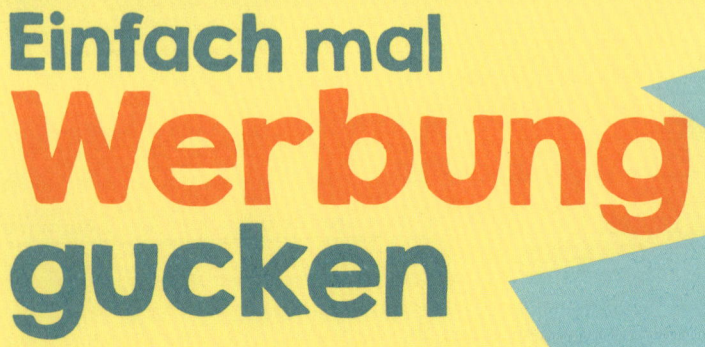

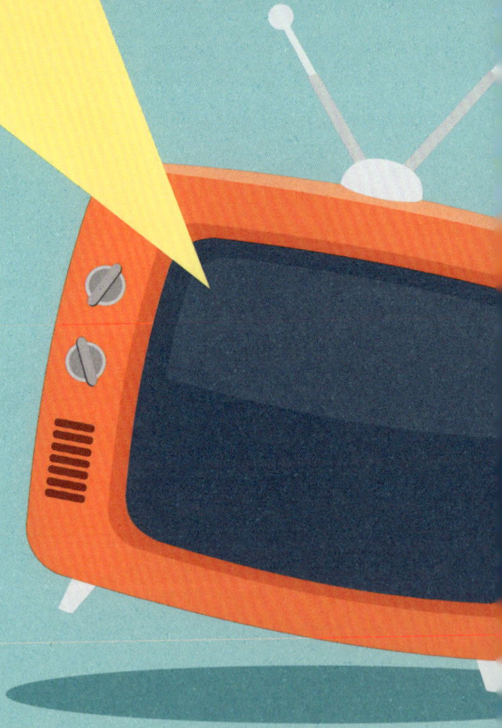

Werbung kann einiges über ein Land verraten. Wenn du den nächsten TV-Werbeblock anschaust, dann achte mal drauf:

Gibt es landestypische Produkte, die man bei uns so nicht bekommt?

....
....

Welche Spots gefallen dir am besten? Schreib die coolsten Werbeslogans auf:

....
....
....
....
....

Zimmer mit Aussicht

Buntstifte oder Bleistift rausholen – und hier den Blick aus deinem Fenster festhalten! Beim Zeichnen fallen dir vielleicht interessante Details auf, die du sonst übersehen hättest. Kirchturm oder schönes altes Gebäude im Blickfeld? Dann schau doch mal vorbei.
Könnte ein Geheimtipp sein.

Souverän unterwegs

Basics – Souverän unterwegs

Können Sie mir das auf der Karte zeigen?
Could you show it to me on the map?
kud_ju 'schou it_tə 'mi on ðə 'mäp?

Entschuldigung, wo ist …?
Excuse me, where's …?
ik'ßkju:s mi, 'weəs …?

Wie komme ich nach/zu …?
How do I get to …?
'hau du_ai 'get tə …?

Wo bekomme ich ein Taxi?
Where can I get a taxi?
'weə kən_ai 'get_ə 'täkßi?

Wie viel kostet es nach …?
How much is it to …?
hau 'matsch_is_it tə …?

Welcher Bus / Welche U-Bahn fährt nach …?
Which bus / underground goes to …?
witsch 'baß / 'andəgraund gous tə…?

Wo hält der Bus nach …?
Where does the bus to … stop?
'weə dəs ðə 'baß tə … 'ßtop?

Muss ich nach … umsteigen?
Do I have to change for …?
du_ai häv_tə 'tschäjndsch fə …?

Wo ist die nächste ×
Where's the nearest ×
weəs ðə niərəßt × ?

× U-Bahn-Station? / Bushaltestelle?
× underground station? / bus stop?
× 'andəgraund 'ßtäjschn? / 'baß_ßtop?

× Straßenbahnhaltestelle?
× tram stop?
× 'träm ßtop?

Sind Sie frei?
Are you free?
a:_ju 'fri:?

Könnten Sie mir für
... Uhr ein Taxi bestellen?
Could you order a taxi for me for ... o'clock?
kud_ju 'o:dər_ə 'täkßi fə
mi fə ... ə'klok?

Halten Sie hier bitte!
Could you stop here, please?
kud_ju ßtop hiə, pli:s?

Bitte ×
Can you take me ×, please?
kən_ju 'täjk mi ×, pli:s?

× zum Bahnhof! / zum Flughafen!
× to the station / to the airport
× tə_ðə 'ßtäjschn / tə_ði_'eəpo:t

× zum Hotel ...! / in die Innenstadt!
× to the ... Hotel / to the city centre
× tə_ðə ... hou'tel / tə_ðə ßiti 'ßentə

× in die ... Straße!
× to ... Street
× tə ... ßtri:t

Wie lange braucht man zu Fuß?
How long does it take to walk there?
'hau 'long dəs it tajk tə 'wo:k ðeə?

Ist das die Straße nach ...?
Is this the road to ...?
is 'ðiß ðə 'roud tə ...?

MOBIL IN DER CITY

Es ist nicht immer leicht, sich in fremden Ländern mit öffentlichen Verkehrsmitteln zurechtzufinden. Frag einfach jemanden:

➡ **I'm not sure how much a ticket to .... costs. Do you know what ticket I need?**
aim 'not 'scho: hau 'matsch ə tikit tə ... 'koßtß. du ju 'nou 'wot tikit ai 'ni:d?

Ich weiß nicht, wie viel das Ticket nach ....
.... kostet. Können Sie mir helfen?

➡ **Do you have one-day travelcards?**
du_ju häv 'wan däj 'trävəlka:ds?

Gibt es Tageskarten?

Für Souvenir-Sammler: Ticket hier einkleben!

Which bus / underground goes to.....................?
witsch 'baß / 'andəgraund gous tə...?

Welcher Bus / Welche U-Bahn
fährt nach ....?

Could you tell me where I have to get off / change, please?
kud_ju 'tel mi weər_ai häv_tə get_'of / 'tschäjnd<u>sch</u>, pli:s?

Sagen Sie mir bitte, wo ich aussteigen / umsteigen muss?

How do I get through the barrier?
'hau du ai 'get 'θru: ðə 'bäriə?

Was muss ich machen, um durch die Sperre zu kommen?

Where can I top up my Oyster Card?
'weə_kən_ai top 'ap mai 'ojßtə ka:d?

Wo kann ich meine Oyster Card aufladen?

Thanks very much, I enjoyed the ride!
'θänkß 'veri 'matsch, ai in'd<u>sch</u>ojd ðə raid!

Vielen Dank! Das war eine
sehr schöne Fahrt.*

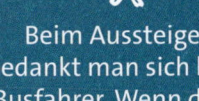

Beim Aussteigen bedankt man sich beim Busfahrer. Wenn du es mit so einem netten Spruch machst, freut er sich bestimmt.

SORRY,
darf ich mal vorbei?

Du stehst in der Warteschlange an der Kasse im Supermarkt, an der Bushaltestelle oder sonst wo. Teste doch mal, wie die Leute reagieren, wenn du dich vordrängelst oder ihnen das Taxi vor der Nase wegschnappst! Hauptsache, du hast eine gute Entschuldigung parat!

> Sorry, but I want to get home this side of Christmas!

'ßori, bat ai 'wont_tə get 'houm ðiß ßaid əv 'krißməß!

Sorry, aber ich muss Weihnachten wieder zuhause sein.

> Oh sorry, I didn't realize you were ahead of me, please go first!

ou 'ßori, ai 'didnt 'riəlais ju: wə ə'hed əv mi' pli:s 'gou 'fößt!

Tut mir leid, ich hatte keine Ahnung, dass Sie auch warten. Bitte gehen Sie vor!

> I'm really sorry, but my dinner will be getting cold!

aim riəli 'ßori, bat mai 'dinə will bi geting 'kould!

Tut mir leid, aber mein Essen wird kalt!

> Sorry, are you going in the same direction as me?
> Shall we share the taxi?

'ßori, a:_ju 'gouing in ðə 'ßäjm də'rekschn əs mi? schəl wi 'scheə ðə 'täkßi?

Entschuldigung, müssen Sie in dieselbe Richtung?
Wollen wir uns ein Taxi teilen?

> Oh my god, I didn't realize you were also in such a hurry!

ou mai 'god, ai 'didnt 'riəlais ju: wə 'o:lßou in ßatsch ə 'hari!

Oh mein Gott, ich wusste ja nicht,
dass Sie's auch so eilig haben!

> Oh, I thought you were just enjoying the sunshine!

ou, ai θo:t ju: wə 'dschaßt in'dschojing ðə 'ßanschain!

Oh – ich dachte, Sie genießen hier nur die Sonne!

> Sorry, that's my first life. I'll carry on practising.

'ßori, ðätß mai fö:ßt laif. ail 'käri on 'präktising.

Sorry, das ist mein erstes Leben. Ich übe noch.

> **Sorry, must dash, my bus is here.**
'ßori, maßt däsch, mai baß is hiə.

Sorry, ich muss weg. Mein Bus ist da.

> **Sorry, but life isn't always a bed of roses for me either.**
'ßori, bat laif isnt 'o:lwäjs ə bed əv 'rousəs fə mi 'aiðə.

Tut mir leid, aber ich hab's auch nicht immer leicht.

Welchen dieser schlauen Sprüche hast du ausprobiert? Wie war die Reaktion?

....
....
....
....
....

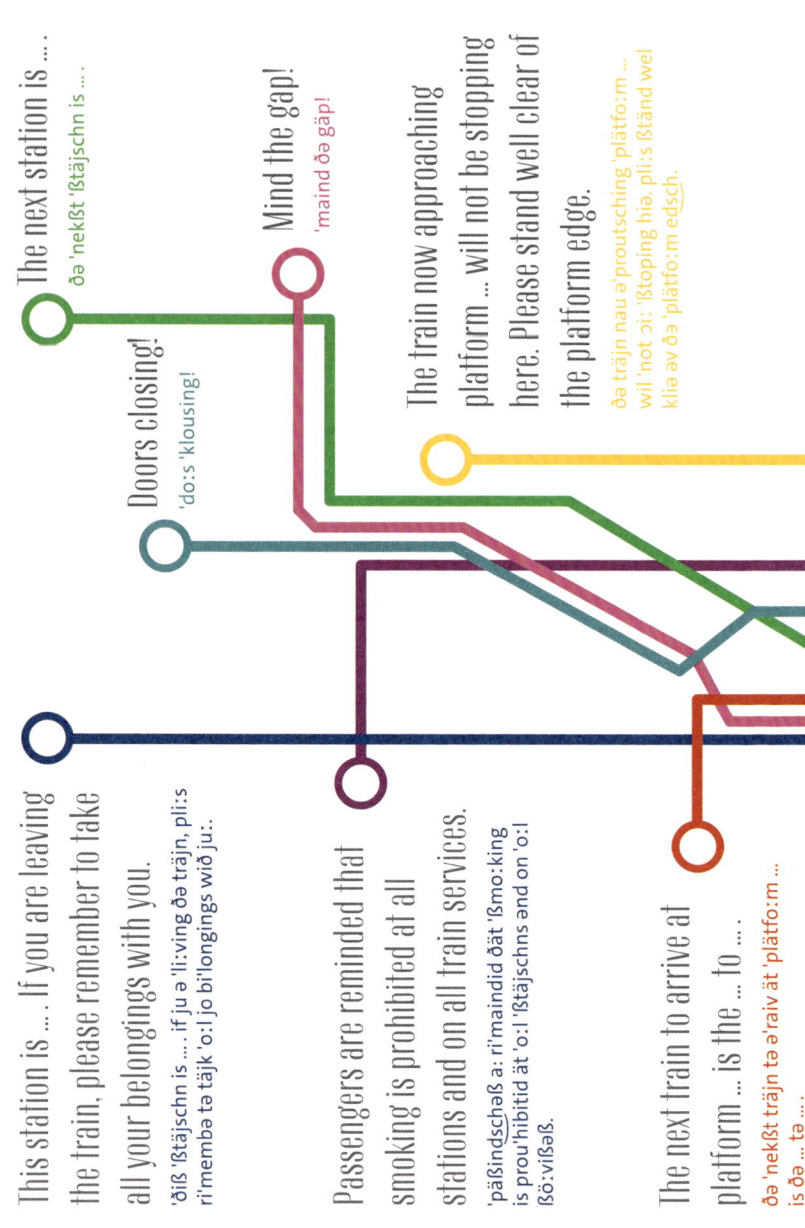

Achtung an Gleis …: Ein Zug fährt durch. Bitte treten Sie von der Bahnsteigkante zurück.

Wir möchten die Fahrgäste daran erinnern, dass das Rauchen auf allen Bahnhöfen und in allen Zügen verboten ist.

Auf Gleis … fährt der Zug … nach … ein.

(Achtung) Türen schließen.

Der nächste Halt ist …

Achten Sie auf die Lücke! (zwischen Bahnsteig und Türschwellen der U-Bahn)

Dieser Halt ist … Bitte denken Sie daran, all Ihre Sachen mitzunehmen, wenn Sie aussteigen.

Verstehst du Bahnhof?

Wenn du mit der Bahn oder U-Bahn unterwegs bist, achte doch mal auf die Durchsagen. Wie oft hörst du die folgenden Sätze? Errätst du, was sie bedeuten?

Meine Spur durch Stadt und Land

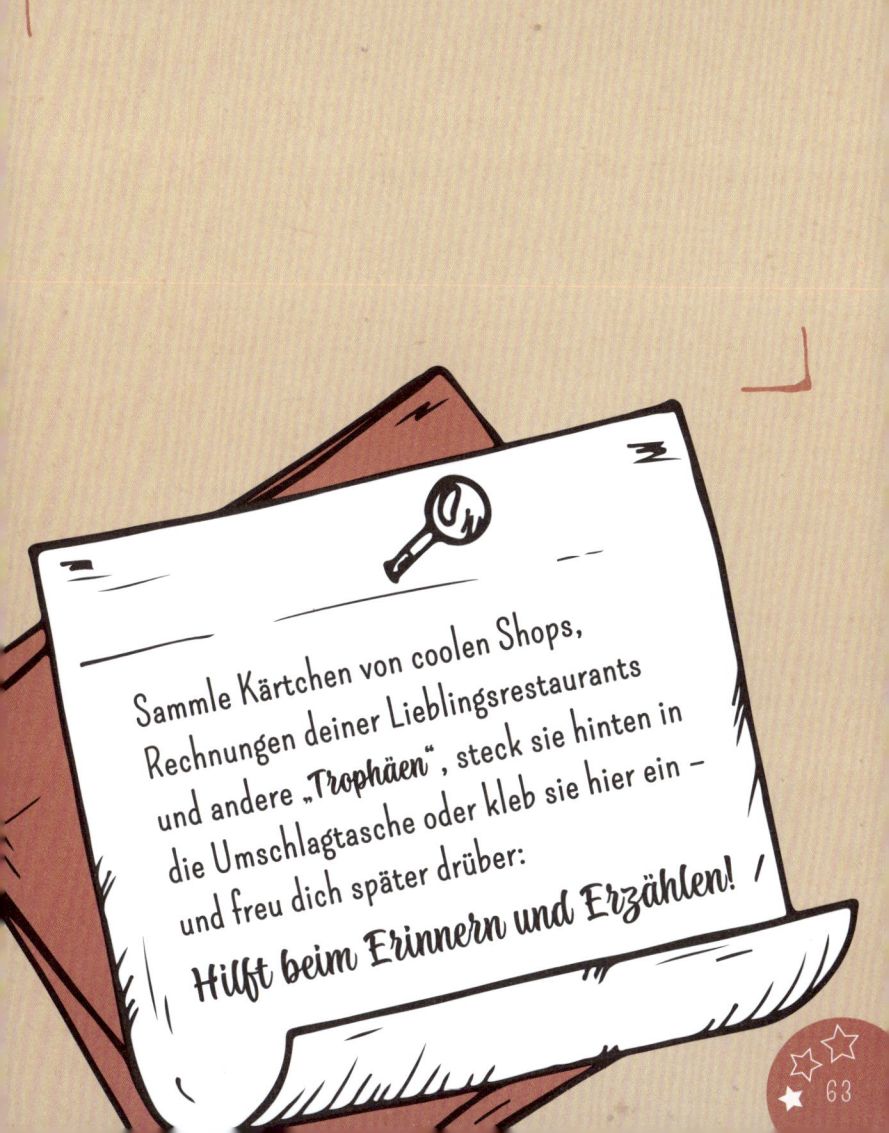

Sammle Kärtchen von coolen Shops, Rechnungen deiner Lieblingsrestaurants und andere „*Trophäen*", steck sie hinten in die Umschlagtasche oder kleb sie hier ein – und freu dich später drüber:

Hilft beim Erinnern und Erzählen!

Einmal quer durch die City
Überraschende »» EINBLICKE ««

Lern die Stadt kennen – lass dich mit Bus, Tram oder U-Bahn einfach mal treiben und entdeck Viertel, in die du sonst vielleicht nie gekommen wärst. Mach an Knotenpunkten halt und steig in eine andere Richtung um. Halte fest, was du siehst!

....
....
....
....
....

Zeichne hier die Strecke nach und trag die Namen deiner Umsteige-Stationen ein!

Mach ein Selfie bei jedem Umsteigepunkt!

Wie schmeckt Great Britain?

Wir haben einen Tisch für ... Personen reserviert (auf den Namen ...).
We've reserved a table for .... (The name is ...).
wi:v ri'sö:vd_ə'täjbl fə .... (ðə'näjm_is ...).

Die Karte bitte.
Could I see a menu, please?
kud_ai 'ßi:_ə 'menju:, pli:s?

Was empfehlen Sie mir?
What do you recommend?
'wot du_ju rekə'mend?

Was ist heute das Tagesgericht?
What's the dish of the day?
'wotß ðə 'disch_əv_ðə 'däj?

Haben Sie vegetarische Gerichte?
Do you serve vegetarian dishes?
du_ju 'ßö:v vedschə'teəriən 'dischis?

Könnte ich ... statt ... haben?
Could I have ... instead of ...?
kud_ai häv ... in'ßted_əv ...?

Die Rechnung bitte!
Could I have the bill, please?
kud_ai häv ðə 'bil, pli:s?

Basics – Wie schmeckt Great Britain?

Ist dieser × noch frei?
Is this × free?
is 'ðiß × 'fri:?
× Tisch / **× table** / × 'täjbl
× Platz / **× seat** / × 'ßi:t

Was sind die Spezialitäten aus dieser Region?
What are the regional specialities here?
wot_ə_ðə 'ri:dschnəl ßpeschi'äliti:s 'hiə?

Für mich bitte ohne … .
Without … for me, please.
wiðˈaut … fə_ˈmiː, pliːs.

Wo gibt es hier in der Nähe ×
Is there × around here?
is ðər_ × əˈraund ˈhiə?

× ein Café? / **× a café** / × ə ˈkäfäj

× eine Kneipe? / **× a pub** / × əˈpab

× einen Fish-and-Chips-Laden?
× a fish and chip shop
× ə fisch ən ˈtschipß schop

× ein typisch englisches Restaurant?
× a typical English restaurant
× ə ˈtipikl ˈinglisch ˈreßtəront

× einen Schnellimbiss?
× a fast food restaurant
× ə ˈfaːßt fuːd ˈreßtəront

Einen Tisch für … Personen bitte.
A table for …, please.
ə ˈtäjbl fə …, pliːs.

Ich möchte ×
I'll have ×, please. ail ˈhäv ×, pliːs.

× ein Glas Rotwein. / ein Glas Weißwein.
× a glass of red wine / a glass of white wine
× ə ˈglaːß_əv ˈred ˈwain / ə ˈglaːß_əv ˈwait ˈwain

× ein Bier. / eine Flasche Mineralwasser.
× a beer / a bottle of mineral water
× ə ˈbiə / ə botl_əv ˈminərəl ˈwoːtə

Wir möchten getrennt bezahlen.
We'd like to pay separately.
wiːd ˈlaik tə ˈpäj ˈßeprətli.

Bitte alles zusammen.
All together, please.
ˈoːl təˈgeðə, pliːs.

Auch Briten können kochen

Baked Potato oder Jacket Potato ist ein einfaches, leckeres Gericht, das man in England oft auch im Straßenimbiss bekommt. Probier's doch mal aus – geht ganz einfach!

Step 1

Das brauchst du für vier Portionen:
4 große Kartoffeln
2 Teelöffel Olivenöl
200 ml Sauerrahm
Alufolie

Und als Topping nach Wunsch:
50 g geriebener Cheddar-Käse
4 Löffel knusprig gebackene Schinkenspeck-Würfelchen
4 dünn geschnittene Frühlingszwiebeln
420g Baked Beans

Alternativ-Topping:
3 Dosen Tunfisch
4 hartgekochte Eier
Mayonnaise

Serves 4:
- ☐ 4 large potatoes fo: la:dsch pə'tajtous
- ☐ 2 teaspoons of olive oil tu: 'ti:ßpu:ns əv 'oliv ojl
- ☐ 200 ml soured cream 'tu: 'handrəd mili'litəs 'sauəd 'kri:m
- ☐ aluminium foil älju'miniəm fojl

To create the topping of your choice:
- ☐ 50 g grated Cheddar cheese
  'fifti gräm 'grajtəd 'tschedə 'tschi:s
- ☐ 4 spoonfuls of diced, crispy fried bacon
  fo: 'ßpu:nfuls əv 'daisd, krißpi fraid 'bajkən
- ☐ 4 thinly chopped spring onions
  fo: 'θinli tschopd 'ßpring anjəns
- ☐ 420g baked beans
  'fo: 'handrəd 'twenti gräms bäjkt 'bi:ns

Alternative topping:
3 cans of tuna 'θri: käns əv 'tju:nə
4 hard-boiled eggs fo: 'ha:dbojld 'egs
mayonnaise mäjə'näjs

Probier's doch
mal aus, wenn du eine
Kochgelegenheit hast –
geht ganz einfach!

Haben Sie auch Frühlingszwiebeln?
Do you also have spring onions?
du_ju 'oːlßou häv 'ßpring anjəns?

Bitte geben Sie mir vier große schöne davon!
Please could I have four nice big ones!
pliːs kud ai 'häv 'foː naiß 'big 'wans!

Können Sie mir bitte alles in eine Tüte packen?
Please could you put everything in a bag for me?
pliːs kud_ju 'put 'evriθing in ə 'bäg fə mi?

Ich brauche noch Speck und Sauerrahm. Wo bekomme ich das?
I still need bacon and soured cream, where can I get that?
ai ßtil niːd 'bajkən ən 'ßauəd 'kriːm, 'weə kən_ai 'get ðət?

Ich habe eine Tüte dabei.
I've got a bag with me.
aiv got ə bäg wið mi.

Step 2

Besuch den örtlichen Markt
– immer ein Erlebnis! –
und kauf ein, was du brauchst.

Was kosten die Kartoffeln?
How much are the potatoes?
hau 'matsch_ə_ðə pə'täjtous?

Enjoy your meal ...

Preheat the oven to 180°. Wash the potatoes and place them in their skin on a piece of aluminium foil. Brush the potatoes with olive oil, prick in a few places with a fork and wrap the potatoes in the foil. Bake in the oven for approximately 75 minutes. Once cooked, cut a cross in the baked potatoes, open slightly and fill with soured cream and the topping of your choice.

Step 3

Backofen auf 180 Grad vorheizen. Die gewaschenen Kartoffeln mit der Schale auf je ein Stück Alufolie setzen. Die Kartoffeln mit Olivenöl einpinseln, mit einer Gabel einige Male einstechen und einpacken. Ca. 75 Minuten im Ofen garen. Dann zum Schluss die Baked Potato kreuzförmig einschneiden, etwas öffnen, mit Sauerrahm und Topping nach Wahl anrichten.

... und kleb hier ein Foto von der Jacket Potato ein.

Alles eingekauft? Dann leg mal los!

Kleiner Spicker gefällig?

Gaumen

Kulinarische Entdeckungen: Such dir ein Lokal mit landestypischer Küche. Bestell von der Speisekarte, was dich am meisten anmacht – und das, was du lieber lassen würdest.

kitzel

Die Karte bitte.
Could I see a menu, please?
kud_ai 'ßi:_ə 'menju:' pli:s?

Ich möchte …
I'll have … , please.
ail 'häv … , pli:s.

Ich bin mutig und probier mal dieses Gericht hier.
I'm feeling brave and will try this dish here.
aim 'fi:ling bräjv ənd 'wil 'trai ðiß 'disch hiə.

Notier deine Eindrücke:

Wenn der Kellner dich fragt,
wie's geschmeckt hat – hier einige Vorschläge:

Himmlisch! // **Heavenly!** // hevənli!

Unglaublich! // **Incredible!** // in'kredəbl!

Sehr lecker – Gruß an die Küche! //
Really delicious – compliments to the chef! //
riəli di'lischəs – 'komplimənts tə_ðə schef!

Gewöhnungsbedürftig. // **Unusual.** // an'ju:schuəl.

Ein echtes Erlebnis! // **A real experience!** //
ə riəl ik'ßpiəriənß!

Ziemlich scharf. // **Quite hot.** // kwait hot.

Nasenbetäubend! // **Nose-numbing!** // 'nous-'nambing!

Blutige Angelegenheit! // **A bloody affair!** // ə 'bladi ə'feə!

Macht richtig durstig! // **Makes a real thirst!** //
mäjkß ə riəl θö:ßt!

Wirklich interessant! // **Really interesting!** // riəli 'intrəsting!

Leider nicht ganz mein Fall! //
Not quite my thing, I'm afraid. //
not kwait mai θing, aim ə'fräjd.

War wohl nicht mehr der Jüngste, der Fisch /
das Lamm ...? //
A bit past its best, this fish / lamb ..., isn't it? //
ə bit pa:st itß best, ðiß fisch / läm ..., isnt it?

Lust auf eine kleine BIER-VERKOSTUNG unter Freunden?

Entdeck die verschiedenen Biersorten und -marken im Pub oder im Supermarkt. Hier ist Platz für deine Bewertung (hilfreiche Übersicht auf der nächsten Seite):

Hier geht's zur Übersicht ...

Bewerte, was ihr probiert habt:

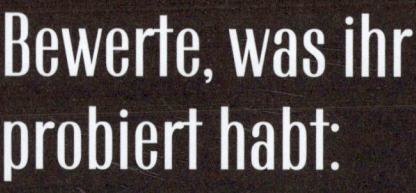

⊚ Bitter:
Farbe hellgolden bis dunkelmahagoni, 3,5 – 7% Alkohol, unterschiedlich starker Geschmack.

Unterarten: best bitter, session/ordinary bitter, special bitter, extra special bitter, premium bitter, golden ale

⊚ Brown ale:
süßlich, alkoholarm

⊚ Mild:
junges Bier mit malzigem Geschmack

⊚ Lager:
untergärige Biere, hellere Farbe und schwächerer Geschmack

MENU BEER
PREMIUM QUALITY

◎ **Old ale:**
dunkles, malziges Bier,
über 4,5 % Alkohol,
wegen der längeren Reifezeit
"old" genannt

◎ **Porter / Stout:**
eher irisch, genauso dunkel
oder dunkler als old ales
und viel bitterer

◎ **Guest ale / Special ale:**
spezielle Biere, die kurzfristig
angeboten werden; oft aus
kleineren, privaten Brauereien

Meine **wunderbare** Zucker-Route

Den Tag versüßen
und Reisestationen
per Zuckertütchen
nachverfolgen:
Kleb hier die leeren
Tüten aus Café und
Restaurant ein
und schreib dazu,
woher sie stammen.

Zuckertütchen

Zuckertütchen

Zuckertütchen

Zuckerstick

Zuckerstick

Füllwort-Bingo

★ ★ ★

actually	basically	I mean
indeed	init?	right
sort of	well	you know?

Schriftlich verzichtet man besser drauf, aber gesprochen sind Füllwörter in jeder Sprache das Salz in der Suppe.

Geh in ein belebtes Café und hör den Leuten in deiner Nähe zu. Mach im entsprechenden Bingo-Feld einen Strich bei jedem Füllwort, das du hörst. „Bingo!" rufst du, wenn du alle Reihen gefüllt hast. Gönn dir zur Belohnung die Kuchenspezialität des Hauses!

Auswertung:
Kommt dir schon zu den Ohren raus:

Fast genauso oft gehört:

Auch nicht zu vernachlässigen:

Und so bestellst du die Kuchenspezialität des Hauses:

What is your house speciality?
I'll have some of that, please.

wot is jor 'hauß_ßpeschi'äliti? ail 'häv səm əv ðət, pliːs.

Finde zu jedem Füllwort einen Beispielsatz!

actually // 'äktschuli // **eigentlich; tatsächlich**

----

basically // 'bäjßikli // **eigentlich; im Grunde**

I mean // ai mi:n // **also; ich meine**

----

indeed // in'di:d // **wirklich**

----

init? // 'init? (kurz für isn't it?) // **am Satzende: nicht wahr?**

----

right // 'rait // **am Satzanfang: nun, also; sonst: genau**

----

sort of // 'ßo:t əv // **irgendwie**

----

well // wel // **also**

----

you know? // ju 'nou? // **am Satzende: weißt du?**

Platz für Merk-Würdiges

Was ist dir aufgefallen beim Füllwort-Lauschangriff?

_____
_____
_____
_____
_____
_____
_____
_____
_____
_____
_____
_____

Ich suche …
I'm looking for …
aim 'luking fə …

Ich habe (die deutsche) Größe …
I'm (continental) size …
aim (konti'nentl) 'ßais …

Wie viel kostet das?
How much is that?
hau 'matsch_is ðät?

Kann ich mit Kreditkarte zahlen?
Can I pay by credit card?
kən_ai 'päj bai 'kredit ka:d?

Wo bekomme ich …?
Where can I get …?
'weə kən_ai 'get …?

Ich hätte gerne …
I'd like …
aid 'laik …

Haben Sie das auch in einer anderen Farbe?
Do you have it in a different colour?
du_ju häv_it_in_ə 'difrənt 'kalə?

Haben Sie das auch in Größe …?
Do you have it in a size …?
du_ju häv_it_in_ə 'ßais …?

Kann ich das anprobieren?
Could I try this on?
kud_ai 'trai ðiß_'on?

Das passt mir nicht.
It doesn't fit me.
it dasnt 'fit mi.

Basics – Kaufrausch

Ich möchte × **I'd like** × aid 'laik ×

× ein hübsches Andenken.
× a nice souvenir.
× ə 'naiß ßu:və'niə.

× ein Geschenk.
× a present.
× ə 'presnt.

Kann ich probieren?
Could I try some?
kud_ai 'trai ßam?

Ist das Handarbeit?
Is this handmade?
is 'ðiß händ'mäjd?

Danke, das ist alles.
That's all, thanks.
ðätß_'o:l, 'θänkß.

Bitte geben Sie mir ×
Could I have ×, please? kud_ai häv ×, pli:s?

× 100 Gramm … / 1 Kilo …
× a hundred grams of … / a kilo of …
× ə 'handrəd 'gräms_əv … / ə 'ki:lou_əv …

× ½ Liter … / 1 Liter …
× half a litre of … / a litre of …
× 'ha:f_ə 'li:tər_əv … / ə 'li:tər_əv …

Danke, ich sehe mich nur um.
I'm just looking, thanks.
aim 'dschaßt 'luking, 'θänkß.

× 4 Scheiben … / 1 Stück …
× four slices of … / a piece of …
× 'fo: 'ßlaißis_əv … / ə 'pi:ß_əv …

Das gefällt mir nicht so gut.
I don't like that so much.
ai dount 'laik ðät ßou 'matsch.

Andere Länder, andere Münzen

Was ist drauf abgebildet?
Wenn du mehr wissen willst
als nur das, was auf der Münze
steht: einfach mal googeln!

_____
_____
_____
_____
_____

Penny, Pfund, Euro, Cent? In jedem Land sehen die Münzen anders aus. Paus hier ins Buch, was dir in die Finger kommt:

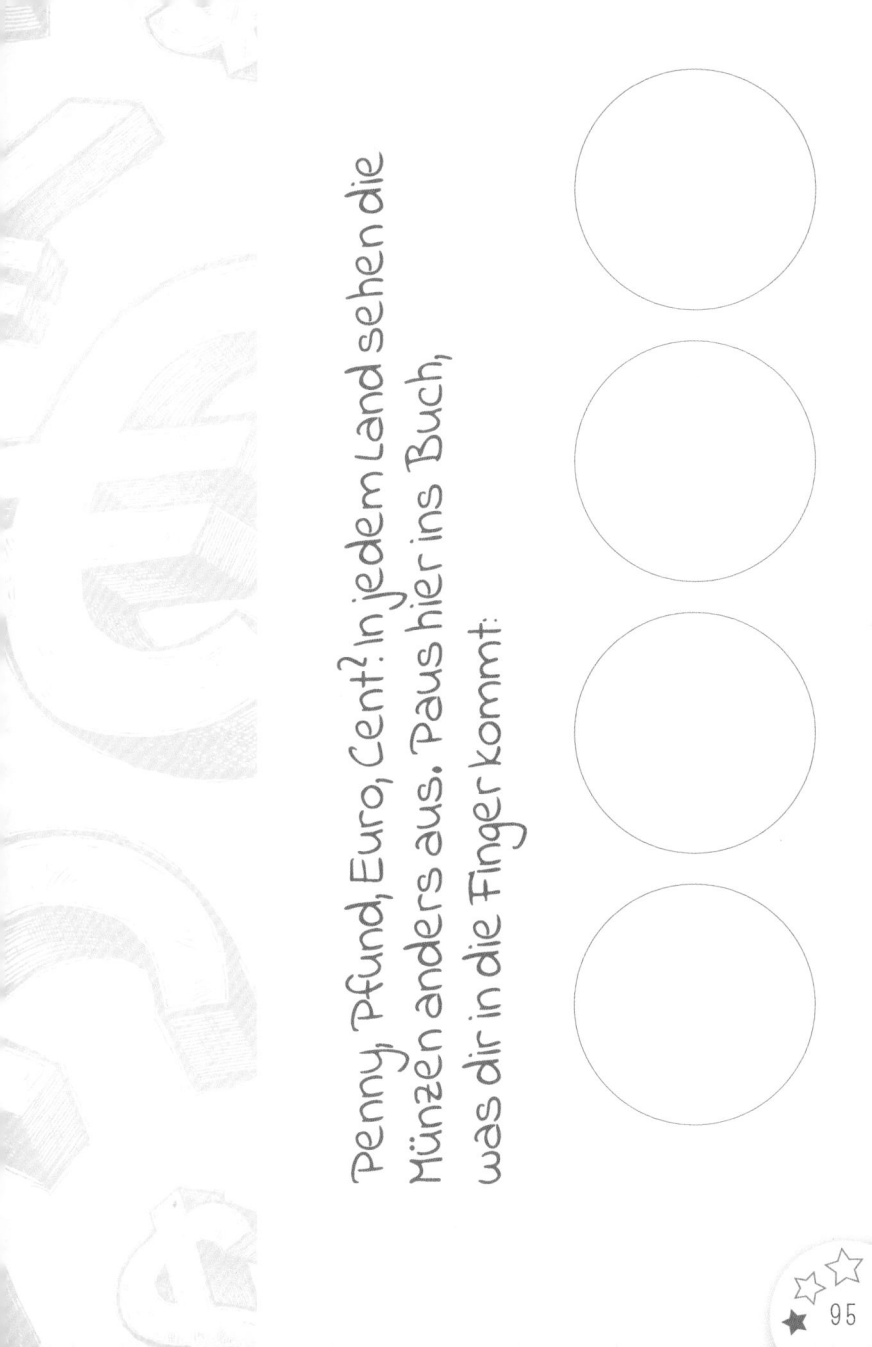

Was ist Ihr Preis, wenn ich zwei davon nehme?
How much would you charge for two of these?
hau ˈmatsch wud_ju ˈtschaːdsch fə ˈtuː əv ðiːs?

Was kann man damit machen?
What can this be used for?
ˈwot kən ðiß bi ˈjuːsd fə?

Geht's ein bisschen billiger?

Auf dem Markt kann sich Feilschen lohnen, auf dem Flohmarkt gehört es unbedingt dazu. Ein Versuch kostet nix!

Also, den ganzen Stand wollte ich ja nicht kaufen …
Well, I wasn't after the whole stall …
wel, ai 'wosnt 'a:ftə ðə houl 'ßto:l …

Einverstanden, wenn wir das abrunden?
OK if we round that down?
ou'kaj if wi raund ðät 'daun?

Ich würd ja lieber bei Ihnen kaufen, aber woanders hab ich das günstiger gesehen!
I would prefer to buy from you, but I have seen it cheaper somewhere else!
ai wud pre'fə: tu bai from 'ju:, bat ai häv ßi:n it 'tschi:pə 'elsweə!

Was ist das denn eigentlich?
What actually is that?
'wot 'äktschuəli is ðät?

Du bist mir ja wirklich sympathisch, aber so viel Geld für dieses Teil hier geb' ich dir nicht.
I really like you, but I won't give you that much money for this.
ai riəli 'laik ju:, bat ai wount 'giv ju: ðät 'matsch 'mani fə‿ðis.

Zeichne, was du gekauft hast.

Wieviel hast du runtergehandelt?

Catwalk *vor Ort*

Setz dich ins Straßencafé auf der Flaniermeile oder am Prachtboulevard – und schau, was in Sachen Mode momentan angesagt ist! Kannst du hier notieren oder es den Models anzeichnen.
Achte auf Details: Farben, Rocklängen, Absatzhöhen, Accessoires …

101

Lust auf Luxus?

Und dann halt die Augen offen:
Findest du ein vergleichbares Stück
auf dem (Floh-)Markt / im Kaufhaus /
im Secondhandladen?

Misch dich unter die Reichen und Schönen und mach einen Schaufensterbummel in der Edel-Shoppingmeile!

Schreib auf:

Was gefällt dir?

....

....

Was kostet es?

....

....

Was wärst du bereit zu zahlen?

....

....

Autsch!

Manchmal gibt es Souvenirs, die sind einfach eine Beleidigung fürs Auge. Welche gefunden? Hier festhalten – beschreiben, zeichnen oder Foto machen!

Auf die Nase – fertig – los!

Geh in eine Parfümerie und teste die verschiedenen Düfte in den Probeflakons. Welchen Duft magst du am liebsten?

Welcher würde dir an deinem Partner/deiner Partnerin gefallen? Welcher Duft passt zu deinem Reiseziel?

Mein Lieblingsduft:

Beschreibung:

Duft für meinen Partner/meine Partnerin:

Beschreibung:

Duft der Stadt:

Beschreibung:

Wortliste >>>

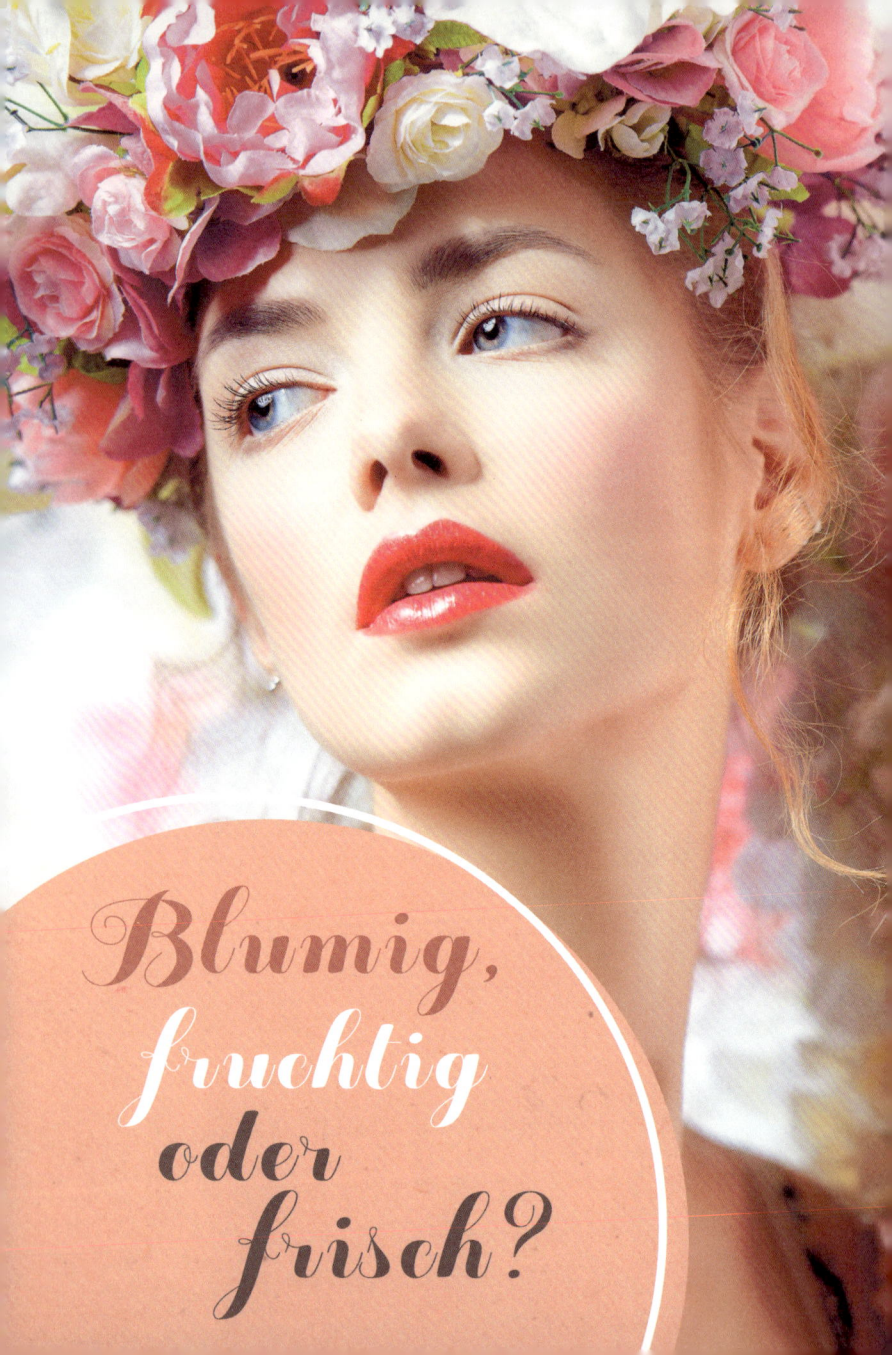

woody
'wudi
holzig

floral
flo:rl
blumig

leathery
'leðəri
ledrig

dry
drai
herb

sweet
ßwi:t
lieblich

animal
'änimǝl
animalisch

fruity
'fru:ti
fruchtig

seductive
ße'daktiv
verführerisch

elegant
'elegänt
elegant

oriental
o:ri'entl
orientalisch

secretive
'ßi:krǝtiv
geheimnisvoll

sparkling fresh
'ßpa:kling fresch
spritzig-frisch

Abenteuer Alltag

Was kann man hier abends unternehmen?
What's there to do round here in the evening?
wotß ðeə tə 'du: raund hiər_in ði_'i:vning?

Gibt es hier eine ×
Is there a × around here?
is ðər_ə × ə'raund 'hiə?

× nette Kneipe? / Disco?
× nice pub / disco
× 'naiß 'pab / 'dißkou

Was kostet ein Brief nach …?
How much is a letter to …?
hau 'matsch_is_ə 'letə tə …?

Was kostet eine Karte nach …?
How much is a postcard to …?
hau 'matsch_is_ə 'pouß tka:d tə …?

Wann ist … geöffnet?
When is … open?
wen is … 'oupən?

Welche Veranstaltungen finden × statt?
What's on ×
wotß_'on ×

× diese Woche / nächste Woche
× this week? / next week?
× ðiß 'wi:k? / nekßt 'wi:k?

Entschuldigen Sie, wo ist hier ×
Excuse me, where is there × around here?
ik'ßkju:s mi, 'weə is_ðeər_ × ə'raund 'hiə?

× eine Bank? / ein Geldautomat?
× a bank / a cashpoint
× ə 'bänk / ə 'käschpojnt

Bitte zwei Karten für ×
Two tickets for ×, please.
tu: 'tikitß fə ×, pli:s.

× heute Abend. / morgen.
× tonight / tomorrow
× tə'nait / tə'morou

× die Vorstellung um ... Uhr.
× the ... o'clock performance
× ðə ... ə'klok pə'fo:mənß

× den Film um ... Uhr.
× the ... o'clock film
× ðə ... ə'klok film

Wo ist × / **Where's ×** / 'weəs_ ×

× das nächste Postamt? /
der nächste Briefkasten?
**× the nearest post office? /
the nearest letterbox?**
× ðə niərəßt 'poußt ofiß? /
ðə niərəßt 'letəbokß?

Wie viel kosten die Karten?
How much are the tickets?
hau 'matsch_ə_ðə 'tikitß?

Wann beginnt ×
When does × start?
wen dəs × 'ßta:t?

× die Vorstellung? / das Konzert? / der Film?
× the performance / the concert / the film
× ðə pə'fo:mənß / ðə 'konßət / ðə 'film

Basics –
Abenteuer Alltag

Spaziergang im Grünen

Wald & Wiesen-Potpourri

Spannend, was hier wächst?
Sammle Blümchen, Gräser, Blätter beim Spaziergang
im Grünen. Hier ist Platz zum Pressen und Einkleben.

Bestimmt gelingt es dir,
einige mittels Internet-
Recherche zu bestimmen!

Auf den Hund gekommen?

Beim Parkspaziergang Mensch mit Hund getroffen? Ob du selbst einen Hund hast oder nicht: eine super Gelegenheit, mit Einheimischen ins Gespräch zu kommen!

Oh, das ist aber ein schöner Hund!
oh, what a beautiful dog!
ou, wot_ə 'bju:təfl dog!

Wie heißt er?
what's its name?
'wotß itß 'näjm?

Ist das ein Er oder eine Sie?
Is it a boy or a girl?
'is_it ə 'boj ər_ə 'gö:l?

Darf ich ihn fotografieren?
Would you mind if I took a photograph?
wud_ju 'maind if_ai tuk_ə 'foutəgra:f?

Was für eine Rasse ist das?
What breed is it?
wot 'bri:d is_it?

Ich habe auch einen Hund, und zwar einen …
I have a dog as well, he's / she's a …
ai häv ə 'dog äs wel, hi:s / schi:s ə …

Darf ich ihm / ihr ein Leckerli geben?
Can I give him / her a treat?
kən_ai 'giv him / hö: ə 'tri:t?

Wie alt ist er / sie?
How old is he / she?
hau 'ould_is hi: / schi:?

Hunde-Interview mit ...

Rasse ....

Name ....

Kurzportrait Hund ....
....
....

Kurzportrait Herrchen/Frauchen ....
....

Platz für deinen neuen Hundefreund

Das Hunde 1x1
Hundewortschatz zum Merken

Bulldogge // Bulldog // 'buldog

Dogge // Mastiff // 'maßtif

Mops // Pug // pag

Schnauzer // Schnauzer // 'schnauzə

Mischling // Mongrel // 'mangrəl

Dalmatiner // Dalmatian // dal'mäschn

Windhund // Greyhound // 'gräjhaund

Schäferhund // German shepherd // dschö:mən 'schepəd

Pudel // Poodle // 'pu:dl

Spitz // Spitz // ßpitz

Terrier // Terrier // 'teriə

Fell // coat // kout

Gebiss // teeth // ti:θ

Halsband // collar // 'kolə

Leine // lead // li:d

Ohren // ears // 'iəs

Pfote // paw // po:

Schnauze // mouth // mauθ

Schwanz // tail // tajl

119

Straßenzeichen

Touri oder Local?

Erkennt man Touristen schon von Weitem?
Besuch eine typische Touri-Location und versuch
herauszufinden, wer von hier stammt und wer nicht.
Leg eine Statistik mit Strichlisten an. Und zuvor
machst du deine Entscheidungskriterien klar:

Typische Merkmale Touri:

_____
_____
_____

Typische Merkmale Einheimischer:

_____
_____
_____
_____

Name der Location	Tourist	Einheimischer

Super-Touri...

★ Für Einsteiger: Zeichne dein Vorzeige-Exemplar.

★★ Für mittlere Helden: Frag ihn, ob du ein Foto von ihm machen darfst.

★★★ Für Gipfelstürmer: Frag ihn, ob du ein Selfie mit ihm machen darfst.

entdeckt?

Welche Aufgabe hast du gemacht? Trag hier deine Mut-Sterne ein!

Glücksspiel

Was steht heute auf dem Programm? Lass den Zufall entscheiden. Wähle jeweils einen Roulette-Jeton und ein Feld im einarmigen Banditen aus. Schau nach, was sich hinter den Zahlen verbirgt – und los geht's!

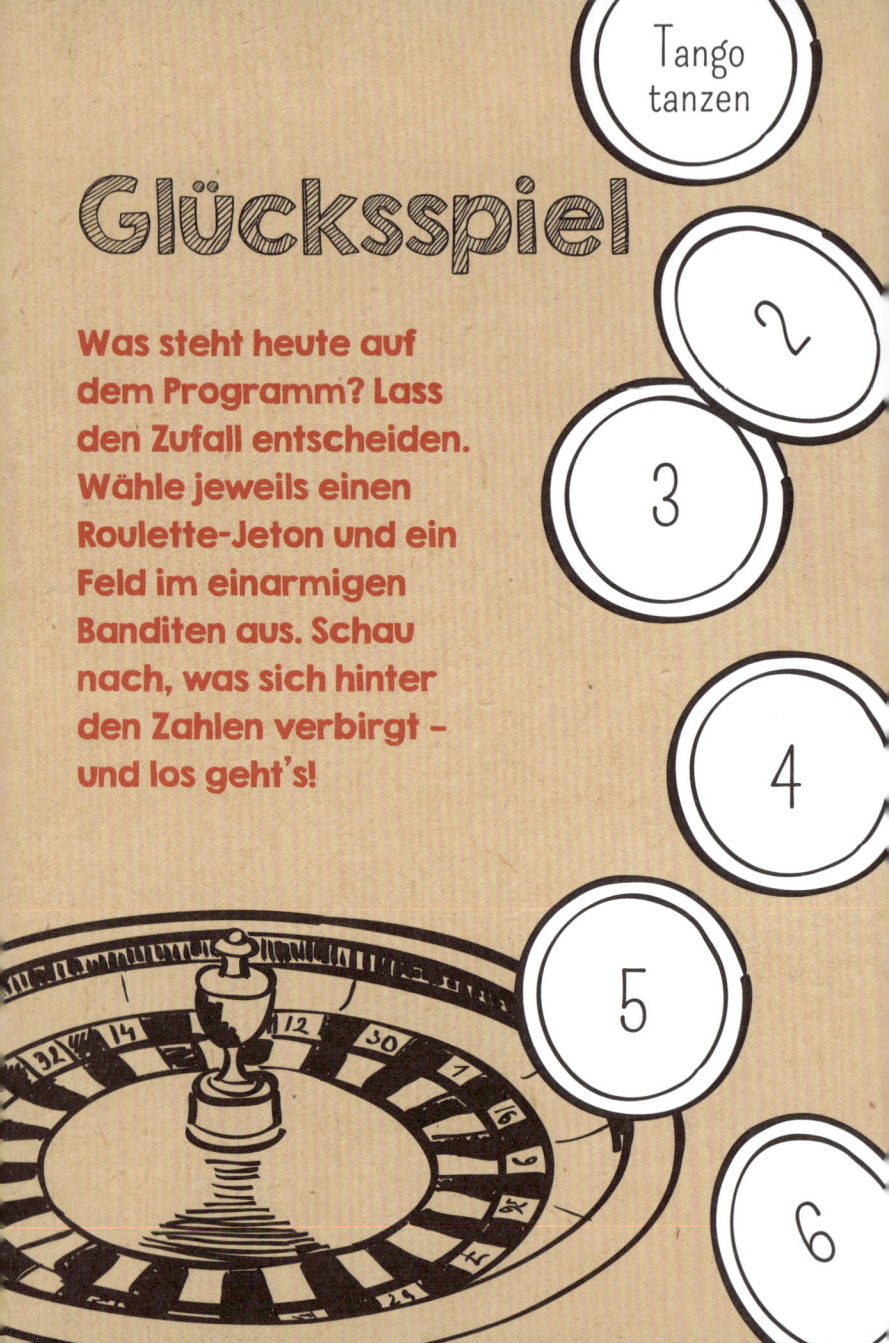

>>> **Du wirst auf dem Kathedralenplatz Tango tanzen.**

| auf dem Kathedralenplatz | B | C |

| D | E | F |

2 Den Beatles-Song „Yellow Submarine" singen
3 Seifenblasen pusten
4 jemandem eine Blume schenken
5 Picknick machen
6 Interview mit Unbekannt: „Was kann man hier abends unternehmen?" → Übersetzung S. 112

B auf dem höchsten Punkt/Turm der Stadt
C auf dem Markt
D in der Fußgängerzone
E im Stadtpark
F im Schwimmbad

Lernen von den

Kids

> Hör mal bewusst kleinen Kindern zu – im Park, in U-Bahn oder Bus, im Café: Kinder sprechen langsamer, und ihre einfachen Sätze sind meist leichter zu verstehen. Notier dir häufig wiederkehrende Wörter und finde raus, was sie bedeuten.

Kulturell

Kino, Theater, Konzert oder Museum besucht? Kleb hier die Tickets ein – und schreib deine persönliche „Kulturkritik" dazu!

unterwegs

Stadt, Land, Fluss

Hast du den geographischen Überblick?

Dann gelingt es dir bestimmt, auf der Karte die wichtigsten Städte und Flüsse einzutragen. Kannst ja mal den einheimischen (Tisch-)Nachbarn um Hilfe bitten! Zeichne dann deine Reiseroute ein.

 Stadt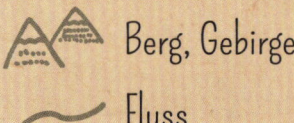

 Burg

Post von Unbekannt

 Kauf eine lustige Postkarte, setz deine eigene Adresse drauf oder die von Freunden – und dann such dir im Café oder sonst wo ein geeignetes Opfer aus!

 Darf ich Sie um einen Gefallen bitten?
Can I ask you a favour?
kən_ai 'a:ßk ju ə 'fäjvər?

 Können Sie bitte auf Englisch einen netten Gruß auf diese Karte schreiben?
Could you write me a nice message in English on this card?
kud_ju 'rait mi: a naiß 'meßidsch in_'inglisch on ðis ka:d?

Du hast die Postkarte an dich selbst geschickt?
Dann hier einkleben!

My Word of the Day

Mein Wort des Tages

wann gehört — in welcher Situation

Lieblingswort

doofstes oder schwierigstes Wort

doofstes oder schwierigstes Wort	wann gehört	in welcher Situation

Mach dir deine persönliche Vokabel-Hitparade! Und notier dir, wann und in welcher Situation du das Wort gehört hast.

Auf den Punkt gebracht

Wie war deine Reise? Nicht lange nachdenken – sag es aus dem Bauch raus mit einem Wort:

_____

_____

_____

_____

Das war der Hammer!
Auf meiner Reise war dies ...

... das Schönste: _____

_____

_____

... das Lustigste: _____

_____

_____

... das Interessanteste: _____

_____

_____

... das Aufregendste: _____

_____

_____

... das Peinlichste: _____

_____

_____

Meine Reisekontakte

Adressen deiner neuen Freunde notieren – und am besten gleich ein Foto dazukleben!

_____
_____
_____
_____
_____

_____
_____
_____
_____
_____

_____
_____
_____
_____
_____

Welcher Mut-Typ bin ich?

Lieber in der Komfortzone chillen oder auf der großen Bühne tanzen? Zähl nach: Hast du vorwiegend Tasks mit 1, 2 oder 3 Sternen gemacht?

Lies hier, welcher Mut-Typ du bist!

< 50 Sterne
Du bist der ruhigere Typ und hältst dich lieber zurück, bevor du andern auf den Zeiger gehst. Schade eigentlich, vermutlich hätten noch ein paar spannende Erfahrungen auf dich gewartet.
Wer weiß - vielleicht wäre dir sogar die Liebe deines Lebens begegnet?

50 - 85 Sterne
Ziemlich cool. Du bist nicht auf den Mund gefallen und traust dich auch mal was. Aber der innere Schweinehund gewinnt immer wieder mal die Oberhand. Da geht noch was!

86 - 108 Sterne
Wow, du gehst voll auf Risiko, und es ist dir egal, ob dich jemand schräg anschaut. Wetten, dass ne Menge Leute gerne mit dir unterwegs sind?
Denn langweilig wird's mit dir garantiert nicht!

Das Abenteuer geht weiter!

Unter www.langenscheidt.com/sprachabenteuer kannst du dich anmelden.

Hier findest du immer wieder neue spannende

> Tasks

> Redewendungen und Redensarten (auch Slang und Dialekt)

> Anregungen und Reisetipps

> Infos zu landestypischen Festen, Bräuchen und Besonderheiten.

Lass dich überraschen!

Die Zahlen

0	zero	ˈziərou
1	one	wan
2	two	tuː
3	three	θriː
4	four	fɔː
5	five	faiv
6	six	ßikß
7	seven	ˈßevn
8	eight	äjt
9	nine	nain
10	ten	ten
11	eleven	iˈlevn
12	twelve	twelv
13	thirteen	θöːˈtiːn
14	fourteen	fɔːˈtiːn
15	fifteen	fifˈtiːn
16	sixteen	ßikßˈtiːn
17	seventeen	ßevnˈtiːn
18	eighteen	äjˈtiːn
19	nineteen	nainˈtiːn
20	twenty	ˈtwenti
21	twenty-one	twentiˈwan
22	twenty-two	twentiˈtuː
23	twenty-three	twentiˈθriː
24	twenty-four	twentiˈfɔː
25	twenty-five	twentiˈfaiv
26	twenty-six	twentiˈßikß
27	twenty-seven	twentiˈßevn
28	twenty-eight	twentiˈäjt
29	twenty-nine	twentiˈnain
30	thirty	ˈθöːti